AF250585

DU BAPTÊME DES ENFANTS

EN CAS DE DANGER

ET EN PARTICULIER DU BAPTÊME INTRA-UTÉRIN,

INSTRUMENT POUR L'ADMINISTRER

Par le docteur **E. VERRIER**, professeur libre d'accouchement.

1° **Historique.**

La première trace du baptême dans l'histoire ecclésiastique remonte à Ezéchiel, qui vivait l'an du monde 3400 ; « *Effundam super vos aquam mundam* » (St-Thomas), dit le prophète de l'ancienne loi, qui annonçait ainsi le baptême chrétien.

Depuis l'époque de son institution, le baptême a été toujours conféré aux enfants, même à la mamelle. Il fut un temps où l'on associait la confirmation et l'eucharistie à ce sacrement.

Le baptême donnant la naissance et la vie spirituelles à ceux qui le recevaient, fut ensuite seul réservé pour les jeunes enfants; mais dans les premiers siècles de l'Église, on le donnait aux adultes qui désiraient faire partie de l'agrégation des fidèles, après les épreuves nécessaires qui constituaient le catéchuménat; comme encore aujourd'hui, chaque fois qu'il s'agit de la conversion d'un infidèle ou d'un hérétique.

De tous les sacrements il n'en est pas qui ait été plus violemment attaqué dans tous les temps. St-Augustin nous a parlé longuement, dans son livre des Hérésies, de l'opposition des Séleuciens, et des Manichéens. La matière et jusqu'à la forme du baptême furent mises en question; les uns en nièrent la nécessité, les autres refusaient même d'en admettre la vertu et l'efficacité.

Des théologiens, au nombre desquels il faut citer le cardinal Cajétan, touchés de compassion pour les enfants qui meurent sans baptême, ont avancé que ces enfants pouvaient être sauvés par les prières de leurs parents. C. Sfondrate (1696), n'a pas craint d'avancer (*nodus. præd. part.* 1 § 1, n° 13) que la mort des enfants les préservait du péché et du supplice éternel, dont ils auraient été punis s'ils fussent parvenus à l'âge adulte; et que, n'étant point exclus de la jouissance des biens naturels, il y a pour eux un plus grand avantage de mourir sans baptême, que de courir les chances de gagner le royaume des cieux. Sans aller aussi loin que le cardinal Sfondrate, on peut dire que l'enfant qui meurt peu de temps après le baptême, ne perdra pas les avantages attachés à ce sacrement; aussi l'église à l'enterrement d'un enfant, prescrit-elle de chanter le psaume *laudate...* au lieu du *de profundis*.

Tertullien (lib. *de Baptismo*, C. 18), désirait qu'on retardât l'administration de ce sacrement, *cunctatio baptismi utilior est præcipue tamen circa parvulos,* dans la crainte d'exposer les parrains à manquer à leur promesse, ou à être trompés par le mauvais naturel des enfants dont ils répondent. Plus loin, il dit, qu'on agit avec prudence, en ne confiant pas des choses divines aux enfants; il faut, ajoute-t-il, qu'ils sachent demander leur salut : « *Norint petere salutem, ut petenti dedisse videaris.* »

Le même Tertullien, prenant dans sa véritable signification le mot grec βαπτιζειν, conseillait de plonger dans l'eau comme une étoffe que l'on veut teindre, *tingere*, ceux auxquels on administrait le baptême. Cet usage fut suivi jusqu'au XIVᵉ siècle: c'est le baptême par une immersion qui se faisait triple en l'honneur des trois personnes divines.

Mais un nouveau mode s'introduisit peu à peu dans la pratique de l'Eglise, et l'on administra le baptême par infusion, c'est-à-dire en versant de l'eau sur la tête ou sur le corps.

Plus d'un motif dut amener ce changement : d'abord, l'état de maladie des personnes, qui ne permettait point de les plonger dans l'eau (baptême des cliniques); ensuite le manque d'eau nécessaire pour la cérémonie de l'immersion. On a dit aussi que l'immersion des femmes adultes était indécente; mais on ne trouve aucune plainte de cela dans les mémoires du temps, tellement l'Eglise prenait de précaution à cet égard.

St-Ludger fit persuader aux femmes de baptiser leurs enfants malades, en les plongeant ou en leur versant de l'eau sur le corps en même temps qu'elles invoqueraient la sainte Trinité, *intinctos aut superfusos cum invocatione sanctæ Trinitatis* (Actes de St Ludger).

Ces deux formes du baptême se sont toujours administrées dans l'Eglise orthodoxe, au nom des trois personnes divines ; d'après les paroles même du Christ, quand il dit : allez, enseignez les nations, et baptisez-les, au nom du Père, du Fils et du Saint-Esprit.

Dans les premiers siècles, les noms se donnaient communément aux enfants longtemps avant le baptême. Selon l'ordre romain vulgaire, on prenait les noms des catéchumènes plusieurs jours avant la cérémonie, pour les inscrire sur la matricule de l'Eglise. Du temps de Syrice, cela se faisait quarante jours avant le baptême : *qui ante dies quadraginta, vel eo amplius, nomen dederint.* (Epist. ad Hemer., C. 2).

Les anciens Francs donnaient les noms à leurs enfants le 9e jour après leur naissance, (loi Salique). Chez les Grecs, encore aujourd'hui, ce n'est que le 8e jour. En Russie, l'enfant reçoit un nom le jour de sa naissance, et on ne le baptise que 40 jours après (*De rebus moscoviticis*, S. Liber.)

L'usage d'administrer le sacrement de baptême, près du jour de la naissance en rapprochant les deux choses, le baptême et le nom, a fait passer en coutume de donner l'un en même temps que l'autre; cela date à peu près du 12e siècle. Le nom des saints fut alors ajouté au nom de famille, du lieu de naissance, ou du pays, afin que la protection de ces saints, fût pour les enfants une sauve-garde. Mais en cas de danger, on a continué à baptiser sans se préoccuper du nom à donner à l'enfant.

Quant aux parrains et marraines, ils ont existé de tous temps. On appelait ainsi ceux qui présentaient au baptême les personnes qui devaient recevoir ce sacrement. On les nommait aussi *susceptores*, parcequ'ils recevaient les nouveaux chrétiens au sortir des fonts sacrés. Tertullien les appelait *Sponsores*, pour marquer les engagements qu'ils prenaient vis-à-vis de l'Eglise. Les parrains et marraines devinrent indispensables quand on ne présenta plus au baptême que des enfants. Chaque enfant pouvait avoir plusieurs parrains, mais peu à peu cet abus fut réprimé, et les statuts de l'Evêque de Verdun (Wary de Dommartin) défendent d'excéder le nombre de trois, *nam quod amplius est a malo est :* deux parrains et une marraine à un garçon, deux marraines et un parrain à une fille. Le nombre fut dans la suite, réduit au compère et à la commère.

Ne pouvaient être compère et commère, les prêtres, les moines et les religieuses. Les enfants ne pouvaient non plus prétendre à être pères spirituels, puisqu'ils ne pouvaient être pères naturels. Enfin, les excommuniés et les pénitents publics, ne pouvaient être parrains. (Capitular. l. 6, ch. 182, et conc. de Paris, VI, C. 54).

Dans l'origine du christianisme, les évêques seuls conféraient le baptême, comme représentant plus directement les apôtres.

Ils autorisèrent ensuite les prêtres et les diacres à administrer le baptême (Tertullien, ch. 17. de Bapt.).

Cet usage paraît avoir été établi dès le 9e siècle, quand les peuples de la campagne eurent embrassé le christianisme; et ainsi, par degrés, les évêques se sont déchargés de cette importante fonction sur les ministres du deuxième ordre.

Le père Martène (De antiq. Eccl. Ritibus, C. 1 et 3), dit qu'une *sage-femme* baptise un plus grand nombre de personnes dans les maisons particulières, qu'un évêque dans son église.

Dans les cas de danger, Tertullien, St Jérome, St-Augustin, disent que tout chétien peut donner ce qu'il a reçu; c'est la doctrine générale de l'Eglise. Cependant les constitutions apostoliques déclarent que, *pour la femme*, c'est *une présomption impie et sacrilège que d'entreprendre de donner le sacrement de baptême.* Mais dans le *droit canon* de Constantinople, Nicéphore (Harmenop., Epitom. sec. 5, tit 1er dit : que si l'on trouve des enfants qui ne sont pas baptisés, dans un lieu où il n'y a point de prêtre, il faut les baptiser; que si leur père ou quelqu'autre les baptise, il n'y a point de péché, pourvu que ce soit un chrétien. Il ne fit pas d'interdiction aux femmes ; cependant le baptême conféré par un *accoucheur* paraît avoir une validité plus certaine, que s'il était donné par une *sage-femme*.

De ce qui précède on peut conclure, à la validité du baptême donné par des laïques dans un cas de danger, et spécialement par les accoucheurs et les sages-femmes, qui trouvent si souvent, dans la pratique de leur art, l'occasion de conférer ce sacrement, quand les enfants naissent faibles, respirant à peine et qu'ils meurent en venant au monde.

Mais il est des cas plus sérieux encore, et que rencontrent surtout les accoucheurs appelés à faire des opérations graves qui ne sont pas du domaine de la sage-femme, comme l'embryotomie, par exemple. Dans ces cas, le baptême intra-utérin doit être administré, avant l'opération.

Il en est de même de tous les cas dans lesquels la science indique par des signes certains, la mort prochaine de l'enfant dans le ventre de sa mère, avant la terminaison du travail.

Si tous les théologiens sont d'accord sur la nécessité, pour un accoucheur ou une sage-femme, d'administrer le baptême quand l'enfant nouveau-né est en danger de mort ; il n'en est pas de même du baptême intra-utérin, dont la validité, aujourd'hui reconnue, a été longtemps discutée.

Une des objections principales, faite au baptême intra-utérin, était qu'il fallait naître à la vie avant de naître à la grâce. Mais l'enfant est formé et vit dans la cavité utérine; il est soumis au péché originel, et conséquemment il est susceptible de naître à la grâce. D'ailleurs la rupture des membranes qui l'enveloppent, nécessaire pour conférer le sacrement, en le mettant en communication avec l'air extérieur, le fait en quelque sorte naître à la vie avant qu'il ne reçoive le baptême.

Des considérations qui précèdent, on peut donc conclure qu'en cas de danger de mort d'un enfant nouveau-né, un des hommes présents, *pourvu qu'il soit chrétien*, peut administrer le baptême; à défaut, d'hommes, une femme peut remplir le même service, et le père de l'enfant en dernier lieu. L'eau devra couler sur une partie nue du corps de l'enfant, la tête de préférence; et le sacrement sera conféré au nom du Père, du Fils et du St-Esprit. Les prêtres, en général, versent l'eau en forme de croix.

Mais quand l'enfant est encore renfermé dans les organes maternels, et que le danger est imminent, c'est plus spécialement à l'accoucheur ou à son défaut, à la sage-femme qu'incombe le devoir de baptiser.

Ce baptême ne sera valable qu'autant que les enveloppes de l'œuf auront été rompues, que l'eau pourra couler sur la partie fœtale qui se présente, et que les paroles indiqueront les trois personnes divines.

2° Cas dans lesquels l'accoucheur doit administrer le baptême intra-utérin.

En France, où la liberté des cultes existe, et a pour conséquence le respect de la croyance d'autrui, le premier devoir de l'accoucheur ou de la sage-femme est de s'informer adroitement de la religion de la femme en travail d'accouchement, ou de celle de son mari. Il ne faudrait, sous aucun prétexte, baptiser un enfant israëlite sans le consentement des parents. Je connais un exemple de baptême donné par un médecin dans une famille juive, quelques instants avant la mort de l'enfant, qui a failli coûter la vie à sa mère, dès qu'elle eut appris ce qui avait été fait. J'en dirai autant pour les mahométans, ou d'autres religions étrangères au christianisme, qui du reste, sont rares dans notre pays.

Mais dans toutes les familles chrétiennes indistinctement, *quelle que soit la communion*, il est du devoir de l'accoucheur de baptiser l'enfant en danger de mourir, alors même qu'il est encore renfermé dans l'utérus ou une autre partie des organes de la mère.

A fortiori, si cet accoucheur se trouvait placé dans la cruelle expectative de voir périr la femme et l'enfant, et qu'il se crût alors autorisé scientifiquement à sauver la mère, en devançant de quelques heures la mort du fœtus. Le baptême dans ces conditions, outre qu'il fait naître à la grâce l'enfant qui le reçoit, est encore une consolation pour les familles. Enfin, si le médecin, plus réservé, prend au pied de la lettre le *non occides* du décalogue, et attend la mort de l'enfant avant de rien tenter, pour délivrer la mère, malgré les dangers qu'elle court, il devra encore baptiser cet enfant dès qu'il s'aperçoit que les battements de son cœur diminuent; sans cela son expectation, regrettable déjà au point de vue maternel, le deviendrait bien plus encore, puisque, sans conserver à l'enfant la vie corporelle, elle le priverait de la vie spirituelle.

Or, cette dernière considération n'a pas encore été discutée scientifiquement; sa moralité ressort cependant de la proposition, et je suis heureux d'avoir appelé sur ce sujet l'attention de tout médecin consciencieux.

Nous résumerons donc ainsi les cas où l'accoucheur doit baptiser l'enfant dans les organes maternels :

1º Chaque fois que, pendant le travail, l'auscultation, pratiquée plusieurs fois, aura fait craindre la mort prochaine de l'enfant.

2º Chaque fois qu'un arrêt du travail, dû aux parties dures ou aux parties molles, force le fœtus à rester longtemps à la même place.

3º Chaque fois que l'enfant, se présentant par la tête, rend du méconium, ou que les eaux de l'amnios en sont colorées.

4º Dans les présentations du siége après le dégagement des membres pelviens, ou dans les présentations du tronc avant de faire la version; le fœtus dans ces cas, courant un danger réél.

5º Chaque fois enfin, qu'un rétrécissement du bassin rend probable la mort prochaine du fœtus, ou que cette mort est avancée par l'accoucheur, dans le but de sauver les jours précieux d'une mère de famille.

3º Du mode d'administrer le baptême intra-utérin.

Depuis qu'on baptise l'enfant encore dans les organes maternels, on emploie l'injection, au lieu de l'infusion ou de l'immersion. Ce mode n'est pas discuté, puisqu'il est le seul qui se puisse administrer. C'est ainsi que l'Académie de médecine de Belgique, dans sa séance du 26 avril 1845, en fait au praticien, une règle de conduite, chaque fois qu'il se dispose à pratiquer l'embryotomie.

Cette injection se fait naturellement avec une *seringue*. . . . .

Or, le ridicule qui s'attache à cet instrument, surtout depuis les plaisanteries de Molière, fera qu'en France du moins, là très grande majorité des médecins ne voudra jamais s'en servir; et de là la mort spirituelle d'une foule d'enfants, qui succombent sans baptême.

D'un autre côté, l'accoucheur ne peut avoir dans sa trousse un pareil instrument; il est donc obligé, s'il veut administrer le baptême, de prendre la seringue qui se trouve dans la maison de sa cliente, et qui toujours a servi à des usages abjects; ce qui est une espèce de profanation pour le sacrement.

Dans ces circonstances, j'ai inventé un instrument très simple, dont je donne le dessin ci-dessous; il réunit toutes les conditions, qu'on peut demander, au double point de vue de la théologie et de la médecine, savoir :

En ce qui intéresse la théologie.

1º Le sacrement se donne par infusion et non par injection,

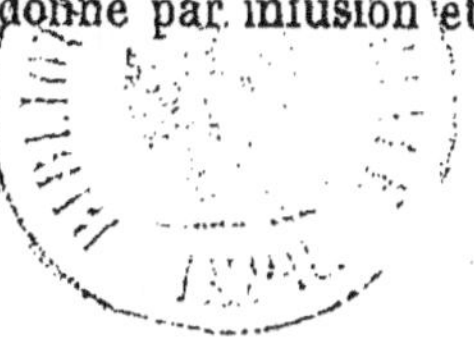

puisqu'il suffit de verser dans la partie évasée en forme d'entonnoir de l'eau contenue dans une carafe ou un vase quelconque, en prononçant les paroles sacramentelles.

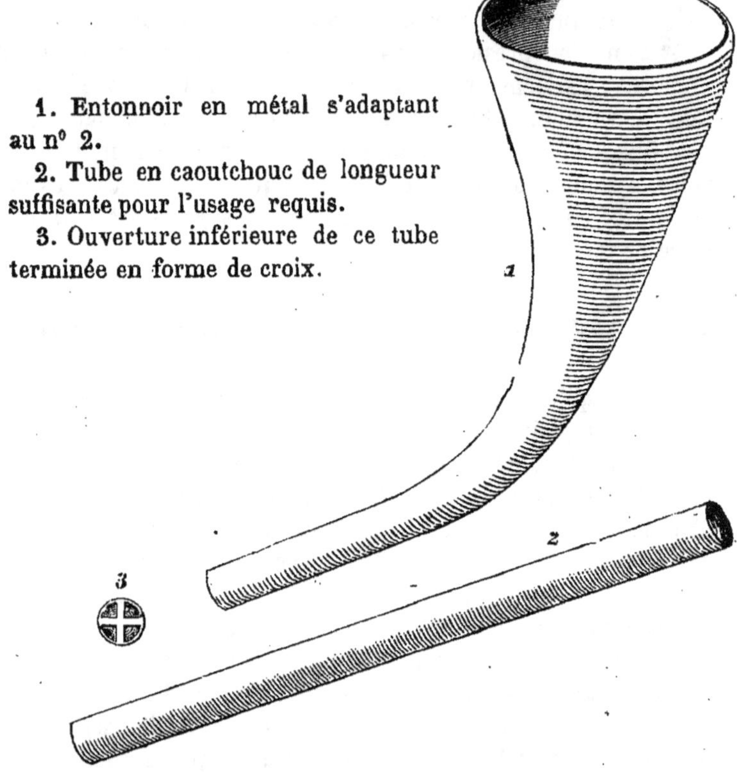

1. Entonnoir en métal s'adaptant au n° 2.

2. Tube en caoutchouc de longueur suffisante pour l'usage requis.

3. Ouverture inférieure de ce tube terminée en forme de croix.

2° Le signe de croix que forment les prêtres qui baptisent, sur le front des enfants, est imité par l'autre extrémité de mon instrument qui est terminé par une ouverture cruciale.

3° Plus de crainte de profanation, par l'emploi d'un instrument souillé.

4° Un grand nombre d'enfants qui mourraient sans baptême, ne seront plus désormais privés de la grâce attachée à ce sacrement.

Sous le rapport médical :

1° Facilité de porter l'instrument qui se démonte en deux parties.

2° Plus de ridicule attaché à l'emploi de la seringue.

3° L'instrument nouveau s'allonge ou se raccourcit à volonté, suivant la hauteur à laquelle se trouve l'enfant dans le canal vulvo-utérin.

4₀ Dans les cas de mort de la femme avant l'accouchement, alors que l'enfant palpite encore, si la famille refuse à l'accoucheur l'autorisation de faire l'opération césarienne *post mortem*, celui-ci peut encore administrer le baptême à l'enfant qui va mourir. Il en serait de même si l'accoucheur ne jugeait pas que la vie de l'enfant puisse persister jusqu'à la fin de l'opération.

Ces deux dernières circonstances intéressent tout à la fois le médecin comme le théologien.

4° Conditions requises pour administrer le baptême.

Le vœu légitime des familles fait un devoir au médecin de baptiser un enfant sur le point de succomber avant sa sortie des organes de la mère, pourvu que ce médecin ait été lui-même baptisé. Quelle que soit sa croyance en la vertu du sacrement, il doit même aller au-devant de ce vœu, s'il sait la famille chrétienne, et, dans tous les cas, ne jamais s'y refuser.

Le baptême ne pouvant être valide que si l'eau coule sur la partie nue du fœtus, il faudra toujours rompre les membranes au préalable, avec le doigt ou un instrument pointu, comme cela se fait dans la pratique ordinaire.

5° Avantage scientifique.

La facilité d'administrer le baptême fera rejeter l'opération césarienne, si désastreuse, quand on la fait dans le seul but de baptiser l'enfant.

Non debet homo occidere matrem, ut baptiset puerum suum (St-Thomas).

L'ange de l'école subordonnait ainsi l'avenir de la science au scrupule religieux. Nous croyons avoir trouvé le moyen de concilier ces deux intérêts dans toutes leurs exigences.

Il n'y a que dans des cas de ruptures utérines, quand l'enfant est passé en entier dans le ventre de la mère, ou bien quand il y a grossesse extra-utérine, que la gastrotomie peut être pratiquée pour donner le baptême; mais alors la mère, dans le premier cas surtout, est vouée à une mort certaine, et d'ailleurs la gastrotomie simple est encore moins grave que la gastro-hystérotomie.

6° Conséquence.

Des hommes peu éclairés, mais animés de l'esprit de conciliation, se sont demandé si l'on ne pourrait pas baptiser l'enfant en danger, à travers les parois abdominales.

En raison de la facilité que donne mon instrument, on peut répondre sans hésitation, que cette dernière forme de baptême doit être rejetée; puisque d'une part, elle est inutile; et que d'autre part, elle ne répond pas à ce qui est exigé pour l'administration du sacrement, même *sous conditions*.

Paris. — Imprimerie MOQUET, rue des Fossés-Saint-Jacques, 11.